MW00718880

РУССКИЙ ЯЗЫК С УЛЫБКОЙ

Короткие истории, шутки, диалоги

Пособие для изучающих русский язык
как иностранный

2-е издание, исправленное

РУССКИЙ ЯЗЫК
КУРСЫ

МОСКВА
2014

УДК 811.161.1
ББК 81.2 Рус-96
    Р89

Р89   **Русский язык с улыбкой. Короткие истории, шутки, диалоги**:
        Пособие для изучающих русский язык как иностранный /
        Сост. М.Н. Лебедева. — 2-е изд., испр. — М.: Русский язык.
        Курсы, 2014. — 88 с.

ISBN 978-5-88337-264-2

В пособии собраны весёлые истории о знаменитых людях и просто увлекательные рассказы, шутки, анекдоты. Материал структурирован в соответствии с основными темами русской грамматики, традиционно выделяемыми на базовом и I сертификационном уровнях изучения русского языка как иностранного, что помогает не только развитию устной речи учащихся, но и формированию у них грамматических навыков.

Каждый текст содержит небольшой словарь, включающий в себя лексические единицы, выбранные из текста в зависимости от уровня сложности задания, что служит основной цели — практическому овладению русским языком как средством общения. Часть текстов записана на аудиодиск.

Пособие предназначено как для занятий с преподавателем, так и для самостоятельной работы. Может быть использовано в сочетании с любыми другими учебными материалами.

Учебное издание

Составитель Лебедева Марина Николаевна

РУССКИЙ ЯЗЫК С УЛЫБКОЙ. Короткие истории, шутки, диалоги
Пособие для изучающих русский язык как иностранный

Редактор: *Н.Н. Сутягина*
Корректор: *Н.В. Жукова*
Компьютерная вёрстка: *Е.П. Бреславская*

Формат 60х90/16. Объём 5,5 п.л. Тираж 1500 экз.
Подписано в печать 27.08.2014. Заказ № 1511

Издательство ЗАО «Русский язык». Курсы
125047, г. Москва, 1-я Тверская-Ямская ул., д. 18
Тел./факс: +7(499) 251-08-45, тел.: +7(499) 250-48-68
e-mail: ruskursy@gmail.com; rkursy@gmail.com; russky_yazyk@mail.ru
www.rus-lang.ru

Отпечатано с готового оригинал-макета издательства в ОАО «Щербинская типография»
117623, г. Москва, ул. Типографская, д. 10

ISBN 978-5-88337-264-2

© Издательство «Русский язык». Курсы, 2012
Репродуцирование (воспроизведение) данного издания любым способом без договора с издательством запрещается.

СОДЕРЖАНИЕ

> **глагол + Р.п.**
> **существительное + Р.п.**

> **у + Р.п.**

ДАТЕЛЬНЫЙ ПАДЕЖ 29

глагол + Д.п.

Однажды...

сколько лет + Д.п.

Однажды...

к + Д.п.

Однажды…

ВИНИТЕЛЬНЫЙ ПАДЕЖ

глагол + В.п.

Однажды…

в, на + В.п. (куда?)

ВВЕДЕНИЕ

Пособие «Русский язык с улыбкой» адресовано всем, кто изучает русский язык как иностранный. Оно может быть использовано системно или фрагментарно при различных сроках и условиях обучения: в школе, вузе, на краткосрочных курсах, при изучении русского языка с помощью Интернета или самостоятельно.

Очевидно, что юмор облегчает понимание и, главное, запоминание, снимает усталость, способствует тому, чтобы процесс обучения доставлял удовольствие. Материалы пособия помогают развитию навыков аудирования, говорения, чтения и письма.

Пособие грамматически ориентировано, поэтому к нему можно обращаться при изучении основных тем русской грамматики, традиционно выделяемых на раннем и среднем этапах изучения русского языка: падежной системы, видов глагола, глаголов движения без приставок и с приставками, действительных и страдательных причастий и деепричастия. Фрагментарно иллюстрируется использование союзов и союзных слов.

В предлагаемых текстах учитываются основные типичные ошибки иностранных учащихся.

Структура пособия

O Падежная система даётся в последовательности, традиционно принятой при изучении русского языка как иностранного. После винительного падежа учащиеся обычно знакомятся с предложным, затем дательным, творительным и родительным падежами. Поэтому, например, текстовый материал из раздела винительного падежа менее сложен, чем, скажем, родительного падежа, обобщение по которому даётся после знакомства с другими падежами. У каждого падежа выделяются наиболее важные значения, представляющие определённую трудность для учащихся.

O Так как любой учебный текст является источником пополнения лексического запаса, в пособии после каждого текста предлагается словарик (▨), в котором представлены слова и словосочетания, на данном этапе являющиеся новыми. Таким образом, соблюдается принцип последовательного усложнения лексики. Предполагается, что преподаватель, работая над лексикой, расширит круг употребления выделенных слов в зависимости от уровня группы. При самостоятельном изучении русского языка учащийся может предварительно посмотреть указанные слова в соответствующем словаре.

Тексты, представленные в пособии, позволяют познакомиться с различными языковыми средствами, которые используются для создания и усиления комического эффекта: игра слов, сравнения, противопоставление, эмоционально-окрашенная лексика и др.

O Внутри каждой темы тексты расположены по степени нарастания трудностей и расширения лексического запаса. Сначала предлагаются тексты, рассчитанные на элементарный, базовый и частично на I сертификационный уровни, затем в рубрике «*Однажды...*» представлены тексты для II и III сертификационных уровней. В зависимости от уровня владения могут быть предложены различные виды заданий для закрепления грамматических форм и лексики.

O **Тексты, содержащиеся в рубрике «*Однажды...*», записаны на аудиодиск.** Это позволит преподавателю разнообразить формы работы в процессе обучения.

Типы заданий

⧖ Прослушайте текст, ответьте на вопросы или задайте вопросы по тексту.

⧖ Прочитайте текст дважды, закройте книгу и перескажите его (в устной или письменной форме).

⧖ Прочитайте текст про себя, переведите его на родной язык и предложите одному из учащихся перевести его на русский язык (при однонациональном составе группы). Проанализируйте возможные ошибки в переводе.

⧖ Проделайте ту же работу, но в письменной форме, разделив лист бумаги на три части, где в первой части — данный вам русский текст, во второй — ваш перевод на родной язык. Затем, закрыв левую часть, передайте другому учащемуся, который сделает обратный перевод. Откройте русский текст и сравните оба текста.

🎭 Прослушайте текст 2 раза и запишите на родном языке. Через несколько дней сделайте обратный перевод.

🎭 Прослушайте текст 1 раз и запишите на родном языке то, что запомнили. Через несколько дней восстановите текст.

🎭 Передайте прослушанный или прочитанный текст в лицах, разыграйте сценку.

🎭 Постарайтесь самостоятельно расширить текст, придумать своё название, уточнить детали, дополнить информацию.

🎭 Выберете понравившиеся вам шутки и подготовьте сценки к «Вечеру русского языка».

В работе использованы материалы, опубликованные в разные годы в печатных изданиях: книгах, газетах, журналах, отрывных календарях и пр. В адаптированном виде представлены некоторые весёлые истории из книги «Знаменитые шутят» (составитель Г.П. Лобарёв, М.: Республика, 1994) и других изданий.

ПАДЕЖИ

ИМЕНИТЕЛЬНЫЙ ПАДЕЖ

Какая буква?

— Петя, ты знаешь алфавит?
— Да, знаю.
— Какая буква идёт после «а»?
— Все другие.

> алфавит   буква
> другой, другая, другое, другие

Где мои мама и папа?

— Мальчик, ты заблудился?
— Нет, я здесь, но где мои мама и папа?

> заблудиться СВ

Какой автобус?

Маленький мальчик говорит:
— Папа, посмотри, вот идёт четвёртый автобус.

Отец говорит:
— Но это не четвёртый, а тридцать первый!

Мальчик не понимает:
— Папа, но ты говорил, что три и один будет четыре!

> тридцать первый, четвёртый автобус
> автобус идёт

Телефонный разговор

— Мой любимый, это ты?
— Да, я. А кто говорит?

любимый, любимая, любимое, любимые

Однажды...

Что такое счастье?

Хемингуэя однажды спросили:
— Что такое счастье?
— Счастье — это хорошее здоровье
и плохая память, — ответил писатель.

счастье
здоровье
память (*ж.р.*)

РОДИТЕЛЬНЫЙ ПАДЕЖ

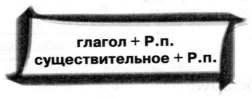

глагол + Р.п.
существительное + Р.п.

Землетрясение

В одном городке на юге Италии произошло небольшое землетрясение. Родители мальчика Луиджи решили отправить своего сына к дяде на север.

Через несколько дней от дяди пришла телеграмма: «Посылаю племянника обратно. Пришлите лучше землетрясение».

землетрясение   дядя, племянник
отправлять *кого? что? куда?*
присылать / прислать *что? кому? куда?*

Хочу романтики!

Сын ссорится с родителями:

— Мне надоело всё время быть с вами, всегда приходить вовремя! Я хочу романтики и свободы! Я ухожу, и не пытайтесь остановить меня!

Сын быстро идёт к выходу. У двери его догоняет отец.

— Папа, я же сказал: не останавливайте меня!

— Я не останавливаю. Я иду с тобой, сынок!

романтика

ссориться / поссориться *с кем?*   пытаться / попытаться *что (с)делать?*

приходить / прийти вовремя   останавливать / остановить *кого? что?*

Заколдованный круг

Наши прадеды ездили на лошадях и боялись автомобилей.
Наши деды ездили на автомобилях, но боялись самолётов.
Наши отцы летали на самолётах, но не знали космоса.
Мы летаем на космических кораблях, но часто
боимся лошадей.

лошадь (*ж.р.*)
космический корабль (*м.р.*)

Однажды...

Короткий разговор

Как-то в кабинет кардинала Джулио Мазарини вошёл один посетитель. Мазарини, который был очень занят делами, сказал ему:

— У меня нет времени, в двух словах скажите, что вас беспокоит?

— Голод и холод! — ответил посетитель.

Кардинал продиктовал своему секретарю:

— Хлеба и дров!

кардинал   сказать в двух словах = коротко
посетитель   меня (тебя, его...) беспокоит *что?*
я (ты, он...) занят *чем?*

Россини в театре

Однажды в театре Россини шепнул на ухо своему знакомому, который сидел рядом:

— Певец очень плохой. Первый раз в жизни слышу такое ужасное пение.

— Может быть, лучше пойти домой? — предложил знакомый.

— Нет, — ответил Россини. — Я узнал, что в третьем акте героиня должна убить его. Я хочу дождаться этого.

шептать / шепнуть *что? кому?*
предлагать / предложить *что? кому?*
шепнуть на ухо   дожидаться / дождаться *кого? чего?*

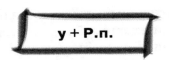

у + Р.п.

В книжном магазине

Покупатель:

— У вас есть книга «Мужчина как хозяин в семье»?

Продавец:

— Отдел фантастики слева.

хозяин
фантастика   отдел фантастики

Что случилось?

— Папа, дай мне, пожалуйста, 50 рублей, — говорит Петя.

— А мне 100 рублей, — просит Маша.

— Мне нужно 300 рублей, — говорит жена.

— Что с вами сегодня случилось? — спрашивает отец.

— Ты забыл? У тебя сегодня день рождения.

— Что случилось? СВ   день рождения

Счастливый отец

—Поздравляю вас! У вас родились четыре девочки!
—Он пришёл раньше, чем я!

счастливый	раньше, чем я (раньше меня)

В зоопарке

Мальчик увидел в зоопарке слона. Он долго рассматривал огромного зверя и, наконец, спросил у своей матери:
—Чей это слон?
—Государственный.
—Значит, и мой немножко, — сказал он с удовольствием.

зоопарк	государственный
слон	с удовольствием
зверь (*м.р.*)	

Неразговорчивый математик

Один математик был очень неразговорчив. Когда у него родился сын, он послал родителям жены телеграмму, наверное, самую короткую за всю историю телеграфа:

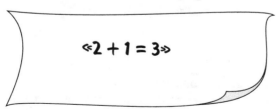

«2 + 1 = 3»

два плюс один равняется трём (будет три)

*Однажды...*

Двойная работа

Как-то раз к Аристотелю пришёл очень разговорчивый молодой человек, который хотел научиться у него ораторскому искусству. После длинного монолога он спросил у Аристотеля, сколько тот возьмёт с него за обучение.

— С тебя в два раза больше, чем с остальных, — ответил философ.

— Почему же? — удивился гость.

— Потому что с тобой предстоит двойная работа: прежде чем начать учить тебя говорить, мне надо научить тебя молчать.

двойная работа   монолог
как-то раз = однажды
Сколько с меня? = Сколько я должен заплатить?
разговорчивый   ораторское искусство
работа предстоит

нет + Р.п.
не было + Р.п.
не будет + Р.п.

Меня там нет

— Как ты упал с кровати?

— Я ночью спал и на себя не смотрел, а потом посмотрел на кровать и вижу: меня уже там нет.

падать / упасть *куда? откуда?*   кровать (*ж.р.*)

Двойка в тетради

— Мама, ты только посмотри, какая у Гриши двойка в тетради!

— А у тебя разве не было двойки?

— Такой большой? Нет!

двойка, тройка,
четвёрка, пятёрка

Последний крик моды

Продавщица в магазине шляп говорит покупательнице, которая только что выбрала модную шляпу:

— Это последний крик моды, мадам.

— Конечно, если не считать крика моего мужа, когда он узнает цену.

цена	продавец, продавщица
шляпа	последний крик моды
выбирать / выбрать *кого? что? (из кого? из чего?)*	

На уроке

Учитель предложил ученикам написать о футболе. Один мальчик написал очень быстро и дал свою работу учителю. Учитель взял его тетрадь и прочитал: «Шёл дождь, футбола не было».

футбол

Разговор в библиотеке

Приходит молодой человек в библиотеку и говорит:

— Я у вас взял книгу «Как заработать миллион», а тут нет половины страниц!

Библиотекарь:

— Ну и что! Полмиллиона тоже неплохо.

зарабатывать / заработать *сколько?*

У меня нет таких денег

Жена говорит своему мужу:

— Тебя даже не интересует, почему я плачу! Хочешь, скажу?

— Ни в коем случае! У меня всё равно нет таких денег!

> Меня (тебя, его...) (не) интересует НСВ *что?*
> плакать НСВ
> — Ни в коем случае!

Как жили раньше?

— Бабушка, а что вы делали раньше, когда не было кино, телевизора, видео?

— Жили, внученька!

> бабушка   внук, внучка

Где мой зонт?

— Я где-то забыл свой зонт, — сказал муж жене, когда пришёл домой.

— Ты, конечно, заметил это, когда пошёл дождь?

— Нет, я заметил, что у меня нет зонта, когда дождь кончился, и я хотел закрыть зонт.

> зонт, зонтик   дождь (*м.р.*)

Вы слышали Карузо?

— Вы знаете, мне кажется, что у великого Карузо не было ни голоса, ни слуха!

— А вы что, слышали великого Карузо?

— Нет, не слышал, но мой сосед спел мне весь его репертуар.

> великий   сосед
> голос   репертуар
> слух

На выставке часов

После осмотра выставки часов её организаторы спросили у Бернарда Шоу, какое на него впечатление произвели экспонаты. Шоу ответил:

— К сожалению, не вижу никакого прогресса. Современные часы идут не быстрее, чем хронометры в годы моей далёкой юности.

выставка	хронометр
организатор	производить / произвести впечатление *на кого?*
экспонат	

сколько, несколько, 2, 3 ... + Р.п.

Где торт?

— Вчера я оставила в буфете два куска торта. А теперь там только один. Ты можешь объяснить это? — говорит мать.

— Да. Было темно, поэтому я не заметил второго куска, — отвечает сын.

торт
оставлять / оставить *что? (кого?) где?* замечать / заметить *что? кого?*

Что купить?

— Не знаю, какой подарок купить жене к празднику.
— Спроси у неё.
— Что ты! Где я возьму столько денег!

подарок к празднику

23

В ювелирном магазине

— Сколько стоит это кольцо?
— Сто тысяч.
— Кошмар! А вон то?
— Два кошмара, мадам.

ювелирный магазин
кольцо

Сколько лап у кошки?

Девочка пришла из школы домой.
— Мама, я сегодня отвечала лучше всех!
— А что спрашивали?
— Спрашивали, сколько лап у кошки.
— И что ты сказала?
— Я сказала — три.
— Почему же ты говоришь, что ты отвечала лучше всех?
— Конечно, лучше, потому что другие сказали — две.

лапа   кошка
хорошо /лучше / лучше всех

из, с, из-за ... + Р.п.

Разговор студентов

— Привет! Как дела?
— Неважно. Меня из института исключили.
— За что?
— Не знаю, я там уже полгода не был.

неважно
исключать / исключить *кого?* из института (из школы)

Отметка по истории

Внук пришёл из школы домой и показывает дедушке свои отметки.

— Сегодня у нас была история. Я получил три.

— Э, — говорит дедушка, — когда я учился, то очень любил историю. У меня были только пятёрки и четвёрки.

— Ну, дедушка, когда ты учился, история была короче.

короткий, короткая / короче
отметка

На берегу Нила

На берегу Нила стоит мужчина с удочкой. Температура 40°. Вдруг из воды появляется крокодил и спрашивает:

— Что, жарко?

— Да, очень.

— Душно?

— Да.

Крокодил с надеждой:

— Может быть, тогда искупаешься?

берег   удочка
душно   купаться / искупаться
крокодил

Сколько живут мыши?

Учитель:

— Скажи, долго ли живут мыши?

Ученик:

— Это зависит от кошки.

мышь
зависеть НСВ *от кого? от чего?*

Разговор с адвокатом

Дама жалуется адвокату на мужа.

— Тогда разведитесь с ним! — говорит адвокат.

— Ну, нет! — отвечает дама. — Я страдала из-за него 20 лет, а теперь вы предлагаете мне его осчастливить!

> жаловаться / пожаловаться *кому? на кого?*
> страдать НСВ *из-за кого? из-за чего?*
> осчастливить СВ *кого?*
> разводиться / развестись *с кем?*   адвокат

На озере Лох-Несс

Во время поездки в Шотландию турист посетил озеро Лох-Несс. Он надеялся увидеть там знаменитое чудовище.

— Когда оно обычно появляется? — спросил он у гида.

— После пятого стакана виски, — уверенно ответил тот.

> надеяться НСВ *что сделать? (на что? на кого?)*
> появляться / появиться *где? (откуда?)*
> стакан

Голубая мечта

Северный полюс

Маленький мальчик с интересом читает книгу о Северном полюсе. Затем мечтательно смотрит вдаль.

— О чём ты думаешь, сынок? — спрашивает мать.

— Я бы хотел, чтобы мы всегда жили на Северном полюсе.

— Но там очень холодно, — удивляется мать.

— Именно поэтому. Ты представляешь, сколько раз из-за холодов там отменяют занятия в школе?

Северный полюс	задумываться / задуматься *о чём?*
голубая мечта	отменять / отменить *что?*

Экономная хозяйка

Один человек обедал у очень экономной дамы. Он встал из-за стола совершенно голодный. Хозяйка любезно сказала ему:
— Прошу вас ещё как-нибудь прийти ко мне пообедать!
— С удовольствием, — ответил гость, — готов даже сейчас.

> экономный   любезно, любезный
> голодный, совершенно голодный

После спектакля

После премьеры спектакля спросили одного известного драматурга, понравился ли ему спектакль. Тот сказал:
— Четвёртый акт был очень хорош.
— Но ведь в спектакле было всего три акта.
— Как? А банкет?

> премьера
> спектакль (*м.р.*)   акт
> драматург   банкет

Однажды...

Как победить бессонницу?

Артистка Рина Зелёная с видом знатока рекомендовала всем, кто жаловался на бессонницу:
— Надо считать.
— Считать?
— Да, лично я считаю до трёх, и всегда мне это хорошо помогает.
— Только до трёх?
— Ну, максимум до полчетвёртого.

> побеждать / победить *кого? что?*
> знаток
> с видом знатока   бессонница
> считать НСВ *кого? что? (до чего?)*

На литературном вечере

На литературном вечере после чтения стихов писатель Светлов отвечал на многие записки. Несколько записок он оставил без ответа.

— Почему вы отвечаете не на все записки? — раздался голос из зала.

— Если бы я мог ответить на все вопросы, — сказал Светлов, — мне бы стало неинтересно жить.

> литературный вечер   записка
> отвечать / ответить *кому? на что?*

Вопрос Аристотелю

Аристотеля спросили:

— Чем ты отличаешься от большинства людей?

— Они живут для того, чтобы есть, а я ем для того, чтобы жить, — ответил философ.

> отличаться НСВ *от кого? от чего? (чем?)*
> философ

Мой муж гений

В начале научной карьеры Эйнштейна один журналист спросил госпожу Эйнштейн, что она думает о своём муже.

— Мой муж гений! — сказала она. — Он умеет делать абсолютно всё, кроме денег.

> научная карьера   гений

Вольтер и король

Король Фридрих II предложил однажды Вольтеру покататься вместе с ним на лодке. Писатель охотно согласился, но когда увидел, что в лодке вода, быстро из неё выскочил.

— Как вы боитесь за свою жизнь, — засмеялся король, — а я вот не боюсь.

— Это вполне понятно, — ответил Вольтер. — Королей много, а Вольтер только один.

король	соглашаться / согласиться *с кем? что (с)делать?*
лодка	бояться НСВ *кого? чего? (за кого? за что?)*

Праздничный обед

Когда Дюма как-то вернулся с праздничного обеда домой, сын спросил его:

— Ну, как там было, весело, интересно?

— Очень, — ответил отец и зевнул, — но если бы меня там не было, я бы умер от скуки.

зевать / зевнуть
умирать / умереть *от чего?*
скука

ДАТЕЛЬНЫЙ ПАДЕЖ

глагол + Д.п.

Письмо подруге

Сидит маленькая девочка и пишет.

— Что ты делаешь, дочка? — спрашивает мама.

— Я пишу письмо подруге.

— Но ты же не умеешь писать.

— Конечно, но моя подруга не умеет читать.

(не) уметь НСВ *что делать?*

Короткий ответ

— Папа, мне нужно тебе кое-что сказать!
— Только коротко и ясно.
— Хорошо. Сто долларов.

| кое-что | ясно |

Хитрый мальчик

— Петя, возьми яблоко и раздели его по-братски, — говорит мать.
— Мама, а по-братски, это как?
— Ну, себе возьми половину, которая поменьше, а Маше дай ту, которая побольше.
— Мама, пусть лучше Маша разделит яблоко по-братски.

| хитрый по-братски |
| делить / разделить *что? (на сколько?)* |

Английский юмор

Маленький мальчик не хотел идти в школу. Он позвонил по телефону учителю и сказал, как отец:
— Добрый день, сэр! Я должен сообщить вам, что мой сын Джон болен и не будет ходить в школу два или три дня.
— О! — ответил учитель. — Мне очень жаль. А кто говорит?
— Мой отец, сэр, — ответил мальчик.

| сообщать / сообщить *что? кому?* |
| я (ты, он...) болен — Очень жаль! |
| она больна |

Сделай мне кофе!

Муж говорит жене:
— Милая, ты хочешь кофе?
— Да, хочу.
— Тогда сделай мне тоже.

Подарок мужу

В день рождения мужа жена говорит ему:

— Ты не представляешь себе, какой чудный подарок я купила тебе на день рождения.

— Покажи!

— Подожди, я сейчас его надену.

> представлять / представить себе *что?*
> надевать / надеть *что?*

Случай в больнице

— Я не буду делать операцию. Я не согласен.

— Почему?

— Только что медсестра сказала: «Не волнуйтесь, операция аппендицита не самая сложная».

— Но медсестра сказала правду!

— Да, но говорила она это не мне, а хирургу!

случай	медсестра
операция	хирург

Почему женщины любят говорить

Муж читает газету и говорит жене:

— Я всегда считал, что женщины любят много говорить. Вот пишут, что женщина в день произносит 2200 слов, а мужчина — только 1100.

— А это потому, что женщинам приходится все повторять дважды, чтобы муж и дети делали то, что нужно.

> газета
> приходится *что делать? (кому?)*
> произносить / произнести *что?*

Как я вчера пел!

—Слышал, как я вчера пел? Моему голосу просто не хватало места в зале.
—Не слышал, а видел. Люди уходили, чтобы уступить ему место.

> петь / спеть *что? (кому?)*
> уступать / уступить место *чему? кому?*
> не хватает *чего? кому?*

Все пуговицы на месте

—Сразу видно, что вы женаты.
—Почему?
—Все пуговицы на месте.
—Это первое, чему научила меня жена во время медового месяца.

> пуговица
> учить / научить *кого? что делать? чему?*
> я (ты, он...) женат   медовый месяц

Хочу работать на Севере

—Папа, когда я буду большой, я буду работать на Севере. Хорошо?
—Хорошо.
—Но я должен готовиться к этому. Правда?
—Правда, но как ты думаешь готовиться?
—Ты должен каждый день покупать мне мороженое.

> готовиться / подготовиться *к чему?*
> мороженое

Что ему понравилось?

Одного американца после его возвращения из поездки по Англии спросили, что ему больше всего там понравилось.

— Ростбиф, — ответил он.

— И это всё?

— Нет, почему же! — Варёное мясо там тоже неплохое.

> возвращение *(откуда?)* из поездки

Что в барабане?

Сын говорит матери:

— Мама, я думаю, что человеку, который живёт внизу, очень понравилась моя игра на барабане.

— Почему ты так думаешь? — спрашивает мать.

— Потому, что он дал мне свой нож и посоветовал посмотреть, что находится в барабане.

> играть / сыграть *на чём?* игра *на чём?*
> барабан   нож
> советовать / посоветовать *кому? что (с)делать?*

Однажды...

Честный ответ

Как-то известный поэт и переводчик Самуил Яковлевич Маршак в шутку спросил своего пятилетнего сына: чьи сказки ему больше нравятся — его или Пушкина. Мальчик сначала ничего не ответил. Тогда Маршак сказал, что он может свободно высказать свое мнение, так как «Пушкин не обидится». Мальчик, видимо, понял шутку, ещё немного подумал и сказал:

— Ты обидишься.

> честный   высказывать / высказать своё мнение
> поэт   обижаться / обидеться *на кого? (за что?)*
> переводчик

Почему она тебе нравится?

Друзья древнегреческого полководца Алкивиада говорили ему:

— Ну почему тебе нравится Лаиса, почему ты проводишь всё время с ней? Ведь она не любит тебя!

— Знаете, вино и рыба меня тоже не любят, но мне они всё равно очень нравятся, —ответил Алкивиад.

> полководец   проводить / провести время *с кем? (как?)*

Ответ Катона

Римского писателя Катона-старшего как-то спросили:

— Разве не возмутительно, что в Риме нет тебе памятника?

ПОЧЕМУ? ЗАЧЕМ?

— Что вы! Я предпочитаю, чтобы говорили: «Почему не поставили памятник Катону?», а не спрашивали: «Зачем поставили памятник Катону?».

> возмутительно
> предпочитать / предпочесть *что?* (чтобы...)
> памятник *кому?*

Гёте и Бетховен

Как-то Гёте, который занимал высокий правительственный пост, гулял в обществе Бетховена в парке. Прохожие кланялись им. В конце концов поэт сердито сказал своему другу:

— Как мне надоели все эти бесконечные поклоны!

— Ваше превосходительство, не сердитесь, — с олимпийским спокойствием сказал Бетховен. — Может быть, они немного и мне кланяются.

> занимать / занять высокий пост
> *кому?* надоело *что?*
> кланяться / поклониться *кому?*
> поклон
> олимпийское спокойствие

Сколько тебе лет?

— Сколько тебе лет?
— Скоро будет восемь, а пока три.

— Сколько тебе (вам) лет?

В музее

Экскурсовод:
— Этой вазе 3027 лет.
Один из посетителей:
— Откуда вы это знаете?
Экскурсовод:
— Когда я сюда пришёл, вазе было 3000 лет, и я здесь работаю 27 лет.

экскурсовод	посетитель
ваза	— Откуда вы знаете?

Совпадение

Покупатель пришёл в зоомагазин и сердито сказал:
— Вы мне говорили, что черепахи живут триста лет! А моя погибла в тот же день, когда я купил её у вас!
— Это действительно обидно! — сказал продавец. Но, может быть, ей как раз в этот день исполнилось триста лет.

покупатель	погибать / погибнуть
черепаха	— *Кому?* исполнилось... (*сколько?*) лет?

Вы не ошибаетесь?

— Сколько вам лет? — спрашивает судья свидетельницу.
— Мне тридцать два года.
— А вы не ошибаетесь?
—...И сорок шесть месяцев.

судья	ошибаться / ошибиться
свидетель, свидетельница	

Однажды...

Верди и молодой музыкант

Когда итальянскому композитору Джузеппе Верди было пятьдесят лет, он встретился с одним молодым музыкантом. Музыканту было 18 лет. Он всё время говорил только о себе и о своей музыке. Верди внимательно слушал молодого человека, а потом сказал:

— Когда мне было 18 лет, я считал себя великим музыкантом и говорил: «Я». Когда мне было 25 лет, я говорил: «Я и Моцарт». Когда мне было 40 лет, я уже говорил: «Моцарт и я». А сейчас я говорю: «Моцарт».

композитор	музыкант

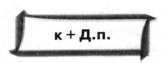

к + Д.п.

Как получить хорошую отметку

Студенты плохо подготовились к экзамену, поэтому никто не хотел отвечать первым.

Профессор долго ждал, потом сказал: — Я поставлю отметку на единицу выше тому, кто пойдёт отвечать первым.

— Ставьте три. Я иду, — быстро сказал один студент.

отвечать первым	единица

Совет врача

Старик пришёл к врачу. Врач выслушал его и сказал:

— Вам надо поехать отдохнуть в деревню. Там вы должны рано вставать, есть мясо, пить молоко, рано ложиться спать и много гулять. Вы можете курить только одну сигарету в день.

Через месяц старик пришёл к врачу опять и сказал:

— Ваш совет очень помог мне. Я поехал в деревню, рано ложился спать, много гулял, ел мясо, пил молоко — делал всё, что вы мне сказали. Только сначала мне было трудно курить одну сигарету в день. Это не очень просто — начать курить в моём возрасте.

отдыхать / отдохнуть	сигарета
вставать / встать	совет

Почему ты не можешь дать мне книгу?

Один человек пришёл к своему другу и попросил у него книгу.

— Мне очень жаль, — сказал друг, — но я не могу дать тебе книгу, потому что я вообще никому не даю свои книги.

— Почему? — удивился тот.

— Потому что их никогда не возвращают.

— Ты в этом уверен?

— Конечно! Вся моя библиотека составлена таким образом.

удивляться / удивиться *чему?*   я (ты, он...) уверен *в чём?*
она уверена   возвращать / возвратить *что? кому? (куда?)*
составлять / составить *что? (из чего? из кого?)*

Им скучно без тебя

Один человек приехал в гости к другу. Друг жил в большом городе. Сначала друг был очень доволен. Но время шло, а человек не хотел уезжать. Наконец, его друг спросил:

— Ты не думаешь, что твоей жене и детям скучно без тебя?

— Ты прав, — ответил человек. — Я завтра же напишу им, чтобы они приехали.

> я (ты, он...) доволен   скучно
> она довольна

Однажды...

Последнее сочинение

Как-то к французскому композитору Морису Равелю уже не в первый раз обратился один бесталанный сочинитель и сказал:

— Маэстро, вот моё последнее сочинение.

— Правда? Тогда я вас поздравляю!

> последний   поздравлять / поздравить *кого? (с чем?)*
> бесталанный

Великие мысли

Однажды к Эйнштейну пришёл один журналист.

— Как вы записываете свои великие мысли? — спросил он. — У вас есть для этого блокнот или записная книжка?

Эйнштейн посмотрел на журналиста, который держал в руках записную книжку, и сказал:

— Милый мой... Настоящие мысли приходят в голову так редко, что их нетрудно запомнить.

> блокнот = записная книжка
> мысль приходит (пришла) в голову
> редко

ВИНИТЕЛЬНЫЙ ПАДЕЖ

глагол + В.п.

Спички

Отец вечером спросил сына:
— Миша, ты купил спички?
— Да, папа.
— Они хорошие?
— Да, очень хорошие, я уже все по-
пробовал.

спички	пробовать / попробовать *что?*

Что ты читаешь?

Маленькая девочка читает книгу.
Мать спрашивает:
— Что ты читаешь?
Девочка отвечает:
— Я не знаю.
Мать говорит:
— Как ты не знаешь? Ты читаешь очень громко.
Дочь отвечает:
— Да, я читаю очень громко, но я не слушаю.

громко	слушать НСВ *кого? что?*

Как они открывают банки?

— Скажи, папа, это правда, что большие рыбы едят сардины?
— Ну, конечно, правда.
— А как же они открывают банки?

сардины банка	открывать / открыть *что?*

На уроке

Учитель спрашивает:

— Скажите, что находится ближе: Луна или Африка?

— Конечно, Луна, — отвечает ученик.

— Луна? Почему ты так думаешь?

— Потому что мы видим Луну, но не видим Африку.

луна	близко / ближе

Что купить?

Все что-то покупают: машину, яхту, квартиру... Пойти за хлебом, что ли?

яхта	идти НСВ *за чем?*

Кто виноват?

— Петя, мы тебя, кажется, избаловали. Придётся тебя как следует наказать.

— Вот это да! Избаловали вы, а наказывать меня?

баловать / избаловать *кого?* (ребёнка)	
наказывать / наказать *кого? (за что?)*	как следует

Сложный ответ

Жена: Что ты будешь пить?

Муж: Если то, что я пил вчера называется кофе, то я прошу чаю, а если это был чай, то я прошу кофе.

сложный	пить / выпить *что? (чего?)*

Я — Юра

— Мама, когда я родился, откуда ты узнала, что меня зовут Юра?

родиться СВ *когда? (где?)*	— Откуда ты знаешь?

40

Книжка для шпионов

— Разве так читают книжки, сынок? Ты же пропускаешь целые страницы.

— А это книжка про шпионов. Я хочу их скорее поймать.

> пропускать / пропустить *что? (кого?)*
> ловить / поймать *кого? (что?)*   шпион

Странный обмен

— Знаешь, я обменял свой саксофон на мотоцикл.

— Не может быть! Где ты нашёл такого чудака?

— Не нужно было и искать. Это мой сосед.

> обмен   саксофон   мотоцикл
> обменять СВ *что? на что?*

Как я люблю Шопена!

Дочь слушает музыку и говорит:

— Ах, мама, если бы ты знала, как я люблю Шопена!

— Если так любишь, то пригласи его завтра вечером в гости.

> приглашать / пригласить *кого? (куда?)*

Ответ мудреца

Одна женщина спросила мудреца:

— Что легко делать и что трудно?

— Легко давать советы, — ответил мудрец, — и трудно выполнять их.

> мудрец   давать / дать совет *кому?*
> совет   выполнять / выполнить *что?*

Однажды...

Совет доктора Боткина

Одна пациентка спросила доктора Боткина:

— Скажите, доктор, какие упражнения самые полезные, чтобы похудеть?

— Поворачивать голову справа налево и слева направо, — ответил Боткин.

— Когда?

— Когда вас угощают.

> пациент, пациентка
> поворачивать / повернуть *что? (кого?) (куда?)*
> худеть / похудеть
> угощать / угостить *кого? (чем?)*

Приглашение

Как-то английский драматург Бернард Шоу получил странное приглашение:

«Лорд X. будет дома в следующий вторник с четырёх до шести часов».

На обратной стороне приглашения Шоу написал: «Бернард Шоу тоже».

> приглашение   обратная сторона

Бессмертные стихи

Один немецкий композитор написал песню на стихи Шиллера и попросил Брамса прослушать её. Брамс прослушал песню и задумчиво сказал:

— Замечательно! Я убедился в том, что это стихотворение Шиллера действительно бессмертно.

> бессмертный   убеждаться / убедиться *в чём?*
> песня на стихи...

Маяковский и его читатели

Поэт Владимир Маяковский часто встречался со своими читателями. Его любили не только за стихи, но и за смелые остроумные ответы.

Вот некоторые из них:

— Маяковский, ваши стихи непонятны!

— Ничего, ваши дети их поймут.

— Нет, и дети их не поймут!

— А почему вы так уверены, что дети похожи на вас? Может быть, у них мама умнее, и они будут похожи на неё.

Или:

— Мы с товарищем читали ваши стихи и ничего не поняли.

— Надо иметь умных товарищей.

смелый	похож, похожи *на кого? (на что?)*
остроумный	умный / умнее

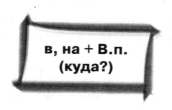

**в, на + В.п.
(куда?)**

В поезде

Однажды в Иркутске две старушки сели в поезд. В вагоне они сидели и разговаривали:

— Куда вы едете? — спросила одна.

— Я еду в Москву, к сыну.

— А я во Владивосток, к дочери.

— Смотрите, какая теперь замечательная техника, — сказала первая старушка. — Мы сидим в одном вагоне, а едем в разные стороны.

старушка	вагон
техника	

Почему мои часы не идут?

— Я не знаю, почему мои часы не идут, — сказал отец.

— Нужно отнести часы в мастерскую почистить, — ответила мать.

— О! Нет, папа, — сказала маленькая дочь, — я уверена, что они чистые. Сегодня утром я открыла твои часы и очень хорошо вымыла их с мылом.

мастерская	мыть / вымыть *что? (кого?)*
чистый	мыть с мылом
чистить / почистить *что?*	

Лев и заяц

В ресторан вошли лев и заяц.

— Я голоден. Дайте мне, пожалуйста, салат, — сказал заяц.

— А ваш приятель не голоден? — спросил официант.

— Глупый вопрос, — сказал заяц. — Если бы он был голоден, я бы не сидел здесь.

лев	я (ты, он...) голоден
заяц	она голодна
глупый	

Обед не готов

Иван Петрович очень рассердился.

— Что такое? Опять обед не готов! Я сейчас же иду в ресторан!

— Одну минуточку, дорогой, — попросила Анна Петровна, — подожди одну минуточку.

— А что, обед будет готов?

— Нет, я переоденусь, и мы пойдём вместе.

сердиться / рассердиться *(на кого / на что? за что?)*
переодеваться / переодеться

Новый русский

Приезжает новый русский в дорогой отель на острова. Звонок из номера:

— Ту-ти, ту-ту-ту.

Администратор не может понять. С трудом находят русского переводчика. В трубке по-прежнему:

— Ту-ти, ту-ту-ту.

Переводчик тоже не может ничего понять. И вдруг из трубки:

— Вы что, по-английски не понимаете? Два чая в 222-ой номер.

администратор	остров
номер (в отеле)	трубка (телефонная)

Однажды...

Старательный ученик

Как-то вечером Резерфорд зашёл в лабораторию и увидел, что там горит свет. В лаборатории сидел его ученик.

— Что вы делаете так поздно? — спросил Резерфорд.

— Работаю, — сказал ученик.

— А что вы делаете днём?

— Работаю, конечно, — ответил юноша.

— И рано утром тоже работаете?

— Да, профессор, и утром работаю, — сказал ученик. Он думал, что уважаемый учёный похвалит его. Резерфорд сердито спросил:

— Скажите, пожалуйста, а когда же вы думаете?

старательный	уважаемый
лаборатория	хвалить / похвалить *кого? что? (за что?)*
учёный	

Бернард Шоу в театре

Однажды Бернард Шоу пришёл в театр, но опоздал, спектакль уже начался. Билетёр попросил его пройти в ложу и сесть тихо на своё место. Шоу спросил:

— А что, зрители уже спят?

опаздывать / опоздать *куда? (на что?)*	
спектакль (*м.р.*)	ложа
билетёр	зритель

ТВОРИТЕЛЬНЫЙ ПАДЕЖ

глагол + Т.п.

На уроке

Учитель рассказывает ученикам о Луне:

— Луна очень большая. На ней могли бы жить миллионы людей.

Один мальчик вдруг засмеялся:

— А что будут делать эти люди, когда Луна станет полумесяцем?

месяц	полумесяц

Он любит свою работу?

— Чем занимается твой отец, Пьер?

— Он школьный учитель.

— И он любит свою работу?

— Да, конечно. Единственное, чем он не доволен, — это дети.

учитель	единственное

Новая шляпа

Муж:

— И ты называешь это шляпой? Я никогда не перестану смеяться над ней.

Жена:

— Перестанешь, когда узнаешь, сколько она стоит.

переставать / перестать *что делать?*

В кино

— Сколько стоит билет? — спрашивает мальчик.

— Двести рублей, — отвечает кассир.

— У меня только сто рублей. Дайте мне, пожалуйста, билет. Я буду смотреть одним глазом.

— Сколько стоит..?   смотреть одним глазом

Просьба женщины

Как-то женщина пришла к Богу и попросила:

— Сделай меня красивой и глупой.

— Зачем тебе быть красивой? — спросил Бог.

— Чтобы нравиться мужчинам, — ответила женщина.

— А зачем тебе быть глупой? — спросил Бог.

— Чтобы мужчины нравились мне.

просить / попросить *кого? о чём? что (с)делать?*

Хорошее наследство

Один человек получил в наследство старый жилой дом. Он решил продать его и обратился к маклеру. Маклеру с трудом удалось найти покупателя. Он привёл его к хозяину дома и начал расхваливать дом. Когда покупатель уже согласился его купить, хозяин вдруг заявил, что передумал продавать дом.

После ухода покупателя хозяин сказал удивлённому маклеру:

— Вы так убедительно и ярко описывали покупателю план дома, удобство его местоположения, а также прекрасный внешний вид, что мне самому захотелось стать его владельцем.

расхваливать НСВ *кого? что?*	
наследство	маклер
ярко	внешний вид
убедительно	владелец
удобство	

Разговор после спектакля

Один начинающий артист, который считал себя великим, попросил известного трагика посмотреть его в «Отелло». После спектакля актёр спросил:

— Хорошо ли я убиваю Дездемону в последнем действии?

— Хорошо, — ответил трагик. Но ещё лучше вы убиваете Шекспира.

считать НСВ *кого? кем?*
убивать / убить *кого? (что?)*
трагик

Почему он не стал баскетболистом?

К одному известному драматургу пришёл баскетболист-неудачник и попросил помочь ему стать писателем.

Драматург прочитал его рукопись и сказал:

— Теперь я понимаю, почему вы не стали хорошим баскетболистом!

— Почему?

— Вы не умеете вовремя бросать в корзину.

неудачник	бросать / бросить *что? куда?*
рукопись (*ж.р.*)	корзина

Эйнштейн и Чаплин

Эйнштейн очень любил фильмы Чарли Чаплина. Однажды учёный написал в письме к Чаплину:

«Ваш фильм «Золотая лихорадка» понимают все в мире, и вы станете великим человеком».

Чаплин ответил: «Я восхищаюсь вами ещё больше. Вашу теорию относительности никто в мире не понимает, но Вы уже стали великим человеком».

> мир   теория относительности
> восхищаться / восхититься *кем? чем?*

Почему археолог?

Однажды во время интервью английскую писательницу Агату Кристи спросили, почему она решила выйти замуж именно за учёного — археолога:

— Потому, что археолог лучший муж, о котором может мечтать женщина. Ведь чем больше стареет жена, тем он больше ею интересуется.

> писатель, писательница
> интервью   выходить / выйти замуж *за кого?*
> учёный   интересоваться НСВ *кем? чем?*
> археолог   стареть / постареть

Андерсен и прохожий

Датский писатель-сказочник Ханс Кристиан Андерсен, как писали его современники, не обращал внимания на свой внешний вид и одевался довольно небрежно. Его старый плащ и помятую шляпу знал весь Копенгаген.

Однажды, когда Андерсен гулял по улицам Копенгагена, какой-то прохожий грубо спросил его:

— Скажите, этот жалкий предмет на вашей голове вы называете шляпой?

Андерсен не растерялся, посмотрел на того, кто задал вопрос, и спокойно спросил его:

— А этот жалкий предмет под вашей модной шляпой вы называете головой?

писатель-сказочник	помятый
современник	прохожий
обращать / обратить внимание *на кого? на что?*	
жалкий предмет	(не) растеряться СВ

Разговор с фотографом

Голливудская кинозвезда Грета Гарбо, недовольная неудачной фотографией, сказала фотографу:

— Я не пойму, в чём дело? В последний раз вы так удачно меня сфотографировали, а сейчас я просто на себя не похожа. Что случилось?

На это фотограф, который был настоящим джентльменом, ответил:

— Но не забывайте, мадам, что тогда я был на целых пятнадцать лет моложе.

кинозвезда	
фотографировать / сфотографировать *кого? что?*	
удачный, удачно	забывать / забыть *кого? что?*
— В чём дело?	молодой / моложе *(на сколько?)*

с + Т.п.

Разговор у киоска

— Дайте мне коробок спичек, пожалуйста!
— Не кричите, я не глухая, вам с фильтром или без?

киоск	глухой
коробок спичек	сигареты с фильтром

С кем я оставался?

Маленький мальчик спрашивает мать:
— Мама, ты была маленькой?
— Да, конечно, была.
— В школу ходила?
— Ходила.
— Мама, а с кем я дома оставался?

оставаться / остаться *где? (с кем?)*

Смотрю, как я сплю

Мать видит маленькую дочь около зеркала. Девочка стоит с закрытыми глазами.
— Что ты делаешь? — спрашивает мать.
— Я смотрю, как я сплю, — отвечает дочь.

зеркало   спать НСВ

В больнице

В больнице девушка подошла к женщине в белом халате.
— Я могу видеть Петрова из пятой палаты?
— Да, конечно. Но можно сначала узнать, кто вы?
— Я? Я... его сестра.
— Очень рада познакомиться с вами. Я его мама.

больница   палата
халат   знакомиться / познакомиться *с кем? (с чем?)*

Вы с ним разговариваете?

Приходит покупатель в магазин с куском сыра и говорит:
— Вы мне вместо швейцарского сыра продали голландский!
— А вы что, с ним разговариваете?

кусок   сыр

Однажды...

Запись в книге

Писатель Марк Твен приехал в одну из лондонских гостиниц. В книге записей он увидел: «Лорд Л. со слугой». Твен написал: «Марк Твен с чемоданом».

запись (*ж.р.*) чемодан
слуга (*м.р.*)

На концерте

Однажды на концерте знаменитый немецкий композитор Брамс играл вместе с одним скрипачом. Скрипач был очень плохой, и Брамс играл громко, чтобы не слышать, как он играет. После концерта скрипач сказал Брамсу:

— Вы играли так громко, что я не слышал, как я играю.

— Счастливый! — сказал Брамс.

скрипач

перед, между, за ... + Т.п.

Что это значит?

Ученица:

— Я не понимаю, почему в учебнике рядом с именем Христофора Колумба стоит 1451–1506?

Учительница:

— Кто знает? Ты, Таня?

— Да.

— Ну, скажи!

— Это номер его телефона.

Перед экзаменом

Перед экзаменом профессор обращается к студентам:

— На экзамене, как в театре. Вы — актёры, а я — зритель.

— Отлично! — воскликнул один из студентов, — сейчас позову суфлёра.

экзамен	суфлёр

Говорят дети

— Мама, ты можешь пойти за мороженым? Я не потому это говорю, что хочу мороженое, а просто чтобы ты подышала свежим воздухом.

дышать НСВ свежим воздухом

Однажды...

Ответ дирижёра

Какая разница между хорошим и плохим дирижёром? — спросили как-то у немецкого дирижёра Ханса фон Бюлова.

— Хороший дирижёр держит партитуру в голове, а плохой — голову в партитуре, — ответил он.

разница	партитура
дирижёр	держать НСВ *что?* в голове

ПРЕДЛОЖНЫЙ ПАДЕЖ

глагол + о + П.п.

Школьное сочинение

— Петя, — говорит учительница, — твоё сочинение о кошке очень похоже на сочинение твоего брата.

— Это понятно, — отвечает Петя, — ведь мы писали об одной кошке.

сочинение

Французский юмор

Маленький Пьер говорит матери:

— Дай мне, пожалуйста, пять франков. Я хочу дать тому человеку, который кричит на улице.

— А о чём он кричит?

— «Очень вкусное мороженое — пять франков!».

кричать / крикнуть   вкусный

Однажды...

Александр Гумбольдт в Мексике

Во время путешествия по Мексике немецкий учёный Александр Гумбольдт постоянно расспрашивал своих спутников обо всём, что видел. Наконец, один из них воскликнул:

— Господин Гумбольдт, все знают, что вы великий учёный, но почему же вы без конца спрашиваете обо всём?

— Именно поэтому я и знаю так много, — спокойно ответил учёный.

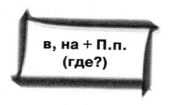

путешествие   спутник
расспрашивать / расспросить *кого? о чём? (о ком?)*

Отзыв о концерте

В молодости Бернард Шоу работал в одной лондонской газете как музыкальный критик. Его отзыв о концерте любительского хора был краток: «Вчера пели медики. Им надо ещё раз напомнить об их врачебном долге: сохранять молчание».

отзыв   медик
молодость, в молодости
критик сохранять / сохранить *что?* (молчание)
любительский хор
врачебный долг

**в, на + П.п.
(где?)**

Где ты родился?

—Папа, где ты родился? — спрашивает Витя.

—Я родился в Санкт-Петербурге, — отвечает отец.

—А где родилась мама?

—Мама родилась в Киеве.

—А где я родился?

—Ты родился в Москве.

—Папа, а как же мы все встретились?

встречаться / встретиться *где? с кем?*

Телефонный звонок

В доме врача звонит телефон — друзья приглашают его играть в преферанс.

— Дорогая, — говорит он жене, — я должен срочно ехать в больницу.

— Серьёзный случай?

— Думаю, что да. Три врача уже на месте.

> приглашать / пригласить *кого? куда?*
> играть / сыграть *во что?*
> серьёзный случай
> срочно

Здесь говорят на всех языках

Один англичанин приехал на юг Франции, в отель. На двери отеля он прочитал надпись: «Здесь говорят на всех языках». Он спросил хозяина гостиницы по-английски, по-немецки, по-итальянски. Ответа не было. Тогда он спросил по-французски:

— Кто же здесь говорит на всех языках?

Хозяин спокойно ответил:

— Путешественники.

> надпись (*ж.р.*)   путешественник

Кто видит в темноте?

Учительница спрашивает школьника:

— Ты знаешь, кто может видеть в темноте?

— Моя сестра, например.

— Что ты говоришь? Твоя сестра видит в темноте?

— Да, вчера вечером она встретила на лестнице Петра, а там было абсолютно темно. И, несмотря на это, она сказала:

— Ты сегодня совсем не брился, Пётр.

> темно   темнота
> бриться / побриться
> лестница

Где можно отдохнуть?

— Скажите, вы не знаете, где в этом году можно недорого отдохнуть?

— Знаю, конечно.

— Где же?

— На диване.

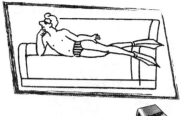

дорого, недорого	диван

В книжном магазине

Покупатель:

— Я хотел бы купить книгу.

Продавец:

— Что-нибудь лёгкое?

Покупатель:

— Мне всё равно, я приехал на машине.

лёгкая литература	серьёзная литература

Лень

Учитель задаёт на дом сочинение «Что такое лень?» Дома он проверяет тетради. Берёт тетрадь одного ученика. На первой странице ничего нет, на второй — тоже. На третьей написано: «Это и есть лень».

проверять / проверить *кого? что?*	лень *(ж.р.)*

Далеко ли от нас космос?

— Далеко ли от нас космос? — спросили английского астронома.

— Космос совсем недалеко. Он всего в часе езды, если бы ваша машина могла ехать прямо вверх, — ответил он.

космос	езда, в часе езды
астроном	вверх

Музыкальный слух

Сосед просит знакомого скрипача:

— Научи моего сына играть на скрипке!

— А у него есть слух?

— Да, когда я зову его, он отвечает.

> учить / научить *кого? что делать?*
> слух

Хочу выспаться

— Дорогой сосед, не можете ли дать мне сегодня на одну ночь вашу трубу?

— А что? Вы тоже хотите научиться играть на трубе?

— Нет, я просто хочу хоть одну ночь выспаться.

> учиться / научиться *что делать?*
> высыпаться / выспаться

Твёрдая уверенность

Отец говорит сыну:

— Запомни, сынок, умный человек всегда во всём сомневается. Только глупец может быть полностью уверен в чём-либо.

— Ты уверен в этом, папа?

— Абсолютно.

> уверен *в чём? в ком?*   уверенность *в чём?*
> сомневаться НСВ *в чём?*

Почему ты женился на маме?

— Папа! Почему ты женился на маме?
Муж поворачивается к жене и говорит:
— Вот видишь, даже ребёнок удивляется.

> жениться *на ком?*   ребёнок
> поворачиваться / повернуться *куда? (к кому?)*

Почему я не родился в XVI веке?

Мальчик сидит за столом и учит историю XVII века. За окном на улице играют дети. Мальчик грустно вздыхает и говорит:
— Хорошо было бы, если бы я родился в XVI веке!
— Почему ты хотел бы родиться в XVI веке? — удивляется мать.

— Потому что тогда мне не надо было бы учить сейчас историю XVII века, и я мог бы пойти гулять.

> сидеть НСВ за столом
> за окном = на улице, во дворе
> вздыхать / вздохнуть   грустно

Причина подорожания

Один молодой человек вошёл в зоомагазин и увидел большого красивого кота.
— Сколько он стоит?
— 400 долларов.
— Как! — воскликнул покупатель. — На прошлой неделе этот кот стоил 200 долларов.
— Да, — согласился продавец. — Но за прошлую неделю он съел двух самых дорогих попугаев.

> зоомагазин   попугай
> кот

Школьника спросили...

Школьника спросили, сколько войн вела Испания в XV веке.
— Шесть, — быстро ответил он.
— Расскажи, какие? — спросил учитель.
— 1, 2, 3, 4, 5, 6, — ответил мальчик.

Однажды...

Какую книгу вы хотели бы иметь?

Один американский журналист обратился ко многим писателям и артистам с вопросом: «Какую книгу вы хотели бы иметь, если бы оказались на необитаемом острове?».

Ответы были самые разнообразные: «Произведения Шекспира», «Библию» и т. д. Английский писатель Гилберт Честертон так ответил на этот вопрос: «Если бы я оказался на необитаемом острове, я хотел бы иметь книгу, в которой рассказывается, как можно построить лодку».

оказываться / оказаться *где?* необитаемый остров Библия

ВИДЫ ГЛАГОЛА

ВИДЫ ГЛАГОЛА В НАСТОЯЩЕМ, ПРОШЕДШЕМ И БУДУЩЕМ ВРЕМЕНИ

Звонок будильника

— Когда утром я слышу звонок будильника, мне кажется, что меня убивают.

— И что же? Ты быстро встаёшь?

— Нет, лежу, как убитый.

будильник	вставать / встать
...как убитый	

Ночной звонок

В квартире профессора ночью зазвонил телефон. Женский голос сердито сказал:

— Ваша собака лает и мешает мне спать.

Профессор спросил, кто с ним говорит. На следующую ночь в тот же час в квартире этой женщины раздался телефонный звонок.

— Я позвонил для того, чтобы сообщить вам, что у меня нет собаки, — сказал профессор.

ночью	собака лает
мешать / помешать *кому? что (с)делать?*	

Всему есть предел

Один человек занимается стенографией. Его жена спрашивает:
— Когда ты научишься быстро писать?
— Скоро.
— И тогда ты сможешь так же быстро писать, как я говорю?
— Так же быстро смогу, но так долго, вероятно, нет.

стенография   скоро

Не надо спешить

Молодой художник пожаловался своему старому учителю:

— Я пишу картину два-три дня, а потом жду два года, чтобы кто-нибудь её купил.

Старый художник улыбнулся и сказал:

— Мой юный друг! Не спешите так. Если вы будете писать картину два-три года, тогда, наверное, продадите её за два дня!

ждать НСВ *кого? что? (чего?)*
спешить НСВ *(куда? что сделать?)*
улыбаться / улыбнуться *(кому?)*

Два художника

Две тысячи триста лет назад жил в Греции знаменитый художник Зевксис. Однажды он так хорошо нарисовал виноград, что даже птицы ошибались и подлетали к картине.

Другой художник Пирасий решил нарисовать картину ещё лучше. Когда он закончил, принёс свою картину Зевксису.

Как только Зевксис увидел Пирасия, он закричал:

— Сними скорее занавеску, я хочу видеть твою картину!

— Увы, занавеску нельзя снять: я её нарисовал, — сказал Пирасий.

—Ты победил меня, — сказал Зевксис. — Я обманул только птиц, а ты обманул художника.

художник	снимать / снять *что? (с чего? с кого?)*
виноград	занавеска

Большой счёт

Жена: Сколько рыб ты поймал вчера?
Муж: Я поймал шесть рыб.
Жена: Значит, нас обманули: мне принесли счёт на восемь штук.

обманывать / обмануть *кого? (что?)* — Сколько штук?

Что вы будете делать?

—Что вы будете делать, если выиграете миллион долларов?
—Ничего.
—Почему?
—А зачем?

выигрывать / выиграть *что?*

Дорогая картина

Однажды...

Один богатый человек купил у английского художника Уиль-
яма Тёрнера дорогую картину, за которую заплатил сто фунтов.
Вскоре он узнал, что эту картину художник писал всего два часа.
Богач решил, что художник обманул его, и подал заявление
в суд. Судья спросил художника:
—Скажите, сколько времени вы работали над этой картиной?
—Всю жизнь и ещё два часа, — ответил Тёрнер.

богатый	картина

решать / решить *что? (что сделать?)*
платить / заплатить *сколько? за что? кому?*
подавать / подать заявление *куда? (кому?)*
суд

Поездка в Италию

В Москве в Центральном Доме литераторов в 1950-ые годы работал парикмахер — человек очень разговорчивый и любопытный.

Как-то он стриг и брил одного известного писателя. И, как всегда, непрерывно говорил:

— Я слышал, что вы куда-то едете?

— Да, я еду в Италию.

— И, значит, посетите Ватикан?

— Возможно, посещу.

— И вы будете у Папы Римского?

— Если будет возможность.

— И сможете поцеловать у него туфельку?

— Вероятно.

Через месяц писатель вернулся из Италии, зашёл к парикмахеру побриться. Тот спросил:

— Ну, вы побывали в Италии? И Ватикан посетили?

— Да, и в Ватикане был.

— И Папу Римского видели?

— И Папу Римского видел.

— И вы поцеловали у него туфельку?

— И туфельку поцеловал.

— И что вам сказал Папа Римский, когда вы наклонились и поцеловали его туфельку?

— Когда я наклонился, чтобы поцеловать его туфельку, Папа Римский спросил:

— Кто вас так ужасно постриг?

литератор	стричь / постричь *кого?*
парикмахер	посещать / посетить *что? (кого?)*
любопытный	целовать / поцеловать *кого? (что?)*

Рассеянность учёного

Однажды к Ньютону пришёл его друг. Хозяина не было дома. Гость съел его обед и ушёл.

Когда Ньютон вернулся домой, он увидел на столе пустую тарелку и удивился:

— Однако какие мы, учёные, рассеянные люди. Оказывается, я уже пообедал.

> рассеянный
> рассеянность
> тарелка   пустой

Трагический монолог

Однажды французская актриса Сара Бернар играла в одной пьесе роль нищей. Её трагический монолог кончался словами: «Больше идти нет сил, я умираю от голода».

Когда Сара Бернар произнесла эти слова, она, к ужасу своему, вдруг заметила, что забыла снять с руки золотой браслет.

— Продайте браслет, — крикнул кто-то из зрительного зала.

Актриса не растерялась:

— Я хотела продать свой браслет, но он оказался фальшивым, — сказала она.

> трагедия
> трагический
> голод   голодный
> браслет   фальшивый
> пьеса   монолог

В незнакомом городе

Как-то Александр Дюма путешествовал по Германии. Он не знал ни слова по-немецки. Однажды он остановился в незнакомом городе. Он был очень голоден, вошёл в маленький ресторан и сел за столик. Он хотел заказать грибы, но не знал, как сказать это по-немецки. Дюма взял бумагу, нарисовал большой гриб и показал его хозяину. Хозяин посмотрел рисунок и ушёл. Дюма был очень доволен собой и приготовился есть грибы. Вскоре хозяин вернулся и принёс Дюма... зонтик.

> останавливаться / остановиться *где? (у кого?)*
> заказывать / заказать *что?*   я (ты, он...) доволен собой
> гриб

ВИДЫ ГЛАГОЛА В ИНФИНИТИВЕ И ИМПЕРАТИВЕ

Как учиться английскому?

— Я хочу усыновить маленького английского ребёнка, — сказала как-то Ирина своему мужу.

— Почему именно английского? Что ты будешь с ним делать?

— Когда он начнёт говорить, я буду учиться у него английскому языку.

> усыновить СВ *кого?*

Как стать великим учёным?

К мудрецу пришёл молодой человек и спросил:

— Скажи, что нужно сделать, чтобы стать великим учёным?

— Нужно отказаться от всех удовольствий, кроме учения. Ты должен привыкнуть к голоду, холоду и бедности. И так до 40 лет.

— А потом?

— А потом ты привыкнешь.

> привыкать / привыкнуть *к чему? (к кому?) что делать?*
> бедность

Ответ пианиста

Одного известного пианиста спросили, должен ли музыкант играть ежедневно.

Пианист ответил:

— Если я не играю один день, я сейчас же это чувствую, если два дня — это чувствуют мои пальцы, а если не играю три дня, то это чувствует моя публика.

> ежедневно   палец / пальцы   публика
> чувствовать / почувствовать *что?*

Как добиться успеха?

Журналист берёт интервью у успешного банкира.

— Что помогло вам добиться успеха?

— Понимание того, что деньги сами по себе ничего не значат, не надо за ними охотиться. Главное — работать и работать.

— И это понимание помогло вам разбогатеть?

— Нет, я разбогател, когда сумел убедить в этом своих сотрудников.

охотиться НСВ *за чем? (за кем?)*
успех успешный
банкир богатеть / разбогатеть
добиваться / добиться *чего?* убеждать / убедить *кого? в чём?*
понимать / понять *что?* понимание
сотрудник

Зачем ей деньги?

— Жене всё время нужны деньги. Утром она говорит: — Дай мне 500 рублей! И вечером: — Дай 500 рублей!

— Что же она с ними делает?

— Не знаю, пока не давал.

Совет друга

— Утром не хочется идти на работу? Открой журнал «Форбс» и найди там свою фамилию. Не нашёл? Тогда вставай и иди на работу.

журнал «Форбс»

Однажды...

Почему именно Пикассо?

Однажды Пикассо посетил одну французскую школу. Встречали его там очень тепло и торжественно. Чтобы показать художнику, как хорошо знают живопись его ученики, один преподаватель попросил их назвать имена великих художников мира. Одна школьница подняла руку:

— Гойя, Дега, Сезанн... и Пикассо.

— А почему именно Пикассо? — спросил учитель, чтобы доставить удовольствие гостю.

Но девочка не знала, что ответить и заплакала. Тогда Пикассо подошёл к ней и ласково сказал:

— Не плачь, девочка, я тоже не знаю.

торжественно	плакать / заплакать
живопись (*ж.р.*)	ласково
доставлять / доставить удовольствие *кому?*	

Случай с Чарли Чаплиным

Очень подвижный в детстве Чарли Чаплин однажды нечаянно разбил витрину магазина. Он испугался и хотел убежать, но хозяин догнал его, схватил за воротник и крикнул:

— Я поймал тебя! А знаешь ли ты, что тебе придётся заплатить за разбитое стекло?

— Конечно, — ответил Чаплин, — поэтому я хотел побежать домой, чтобы принести деньги.

подвижный	
нечаянно	разбивать / разбить *что?*
витрина	разбитое стекло
пугаться / испугаться *кого? чего?*	
воротник	

Совет Марка Твена

Когда Марк Твен был редактором одного журнала, он вернул молодому автору рукопись, которую тот ему прислал, со следующей припиской: «Дорогой друг, авторитетные врачи рекомендуют людям умственного труда есть рыбу, так как этот продукт питания даёт мозгу фосфор. Я в таких делах разбираюсь плохо, поэтому не могу Вам сказать, сколько Вам нужно есть рыбы, но если рукопись, которую я Вам с удовольствием возвращаю, является точным отражением того, что Вы обычно пишите, то мне кажется, я не ошибусь, если скажу, что два кита средней величины не будет для вас слишком много».

редактор   разбираться / разобраться *в чём?*
умственный труд   мозг
отражение
кит
фосфор

Король может всё

Однажды король Людовик XIV заявил:

— Король может всё. И если я прикажу кому-нибудь броситься в воду, вы должны сразу же выполнять мой приказ.

Один из придворных быстро направился к выходу.

— Куда же ты? — спросил его король.

— Учиться плавать.

заявлять / заявить *что? (кому? о чём?)*
бросаться / броситься *куда? (на кого?)*
приказывать / приказать *кому? что (с)делать?*
приказ
придворный

ГЛАГОЛЫ ДВИЖЕНИЯ

ГЛАГОЛЫ ДВИЖЕНИЯ БЕЗ ПРИСТАВОК

Эзоп и путешественник

Однажды знаменитый древнегреческий баснописец Эзоп встретил в поле путешественника, который спросил его, далеко ли до города.

— Иди! — сказал ему Эзоп.

— Я и сам знаю, что нужно идти, но скажи мне, сколько времени я буду идти?

— Иди! — повторил Эзоп.

Путешественник пожал плечами и пошёл по дороге.

Но когда он сделал десять шагов, он услышал:

— Ты будешь там через два часа.

— Почему ты мне сразу не сказал? — удивился этот человек.

— Я не мог знать, сколько времени ты будешь идти, потому что не видел, как быстро ты ходишь, — сказал Эзоп.

древнегреческий баснописец
пожимать / пожать плечами   шаг

Случай на дороге

Женщина говорит маленькому мальчику, который ехал на велосипеде и случайно толкнул её:

— Ты что, не умеешь звонить?

— Нет, звонить я умею, только ездить ещё не научился.

велосипед   толкать / толкнуть *кого?*

Подчинился

Проводник будит пассажира, спящего у окна.

— Ваш билет.

— Билет? У меня нет билета.

— А куда вы едете?

— Я никуда не еду.

— Что же вы делаете в поезде?

— Я провожал друга, но вы так строго крикнули: «Прошу садиться!», что я должен был сесть в поезд.

проводник	провожать / проводить *кого? что? (куда?)*
подчиняться / подчиниться *кому? (чему?)*	
садиться / сесть *куда?*	

Слон и муравей

По дороге ползёт муравей, а навстречу ему идёт слон в красной рубашке.

— Слон, сними рубашку, — говорит муравей.

— Зачем?

— Ну, сними, прошу.

Слон снял рубашку и разложил её на земле. Муравей ползал, ползал, а потом говорит:

— Нет, слон, извини. Моя была тоже красная, но с кармашком.

муравей	карман, кармашек

Коротко и точно

— Как далеко от вашего пансионата море?

— О, всего в десяти минутах ходьбы, если вы хорошо бегаете.

пансионат	ходьба
море	

Случай на воде

— Скажите, пожалуйста, почему вы плаваете в костюме и шляпе?

— Я плаваю? Это вы плаваете, дорогой мой, а я тону.

костюм
тонуть / утонуть

ГЛАГОЛЫ ДВИЖЕНИЯ С ПРИСТАВКАМИ

Мама уехала в командировку

Мама уехала в командировку. Папа с сыном остались одни. Утром после завтрака папа повел ребёнка в детский сад. Приходят, а воспитательница говорит:

— Этот мальчик не из нашего садика.

Приходят во второй сад, там то же:

— Нет, такого мальчика у нас не было!

Сын говорит отцу:

— Папа, если мы ещё в один сад пойдём, то я точно в школу опоздаю!

командировка
воспитатель, воспитательница

Почему ты не пошёл в школу?

— Что случилось? Почему ты не пошёл в школу?

— Но ты говорила, мама, что очень беспокоишься за меня, когда я куда-нибудь ухожу.

беспокоиться НСВ *за кого?*

Я сегодня сэкономил

Мальчик радостный пришёл домой и сказал матери:

— Ты будешь довольна, мама, я сегодня сэкономил: не сел в автобус, а всю дорогу бежал за ним.

— Ну, что же, — засмеялась мать. — В следующий раз беги за такси, ты сэкономишь гораздо больше.

экономить / сэкономить *(что?)*	такси

Любовное письмо

«Любимая! Ради тебя я готов переплыть через океан, пройти сквозь огонь и джунгли, готов даже прыгнуть с самой высокой горы. Знай, что на пути к тебе мне не страшны никакие препятствия и трудности.

P.S. Приду обязательно в воскресенье, если не будет дождя».

ради *кого? чего?*	джунгли
океан	гора
огонь *(м.р.)*	препятствие

Случай в Париже

Один человек впервые приехал в Париж. Он взял такси и поехал в гостиницу. Там он снял номер и пошёл осматривать Париж. По дороге зашёл на телеграф и сообщил жене свой парижский адрес.

В этот день он много ходил по улицам, был в музеях, заходил в магазины, а вечером пошёл в театр. Когда спектакль закончился, он хотел поехать в гостиницу. Но забыл её название и адрес. Тогда он пошёл на телеграф и послал жене ещё одну телеграмму: «Скорее сообщи мне мой парижский адрес».

впервые = первый раз	телеграф
брать / взять такси	давать / дать телеграмму *кому? (куда?)*

Чудесное лекарство

Один молодой человек так поздно просыпался по утрам, что всегда опаздывал на работу.

Он пошёл к врачу, и тот дал ему лекарство, которое должно было помочь ему легко вставать. Молодой человек принял лекарство и лёг спать. Когда он проснулся, то увидел, что будильник ещё не звонил. Довольный, он пришёл на работу, зашёл в кабинет к директору и сказал:

— Чудесное лекарство дал мне врач! Я спал, как убитый, и пришёл на работу даже раньше времени.

— Поздравляю, — ответил директор, — но где вы были вчера?

лекарство	спал как убитый
принимать / принять лекарство	

Ранний звонок

В четыре часа утра директора кинотеатра разбудил телефонный звонок. Сонный голос спросил:

— В котором часу открывается ваш кинотеатр?

— Служащие придут в одиннадцать часов утра, — ответил директор и повесил трубку.

Через десять минут телефон зазвонил опять, и тот же голос задал прежний вопрос. Директор повторил ответ, через несколько минут телефон зазвонил снова:

— Когда, вы сказали, открывается кинотеатр?

— В одиннадцать! — крикнул директор. — Почему вы так хотите пораньше прийти в кино?

— Прийти? — переспросил удивлённый голос. — Что вы! Я хочу уйти отсюда.

сонный	рано / раньше, пораньше
директор	переспрашивать / переспросить *кого?*
голос	

В кинотеатре

Во время киносеанса один из зрителей выходит, но через несколько минут возвращается и спрашивает соседа:
— Скажите, это вам я наступил на ногу, когда выходил?
— Да, но это не имеет значения.
— Я только хотел проверить, в свой ли ряд попал.

сеанс, киносеанс	ряд
наступать / наступить на ногу *кому?*	попадать / попасть *куда?*

Этот номер невозможно забыть

Один француз ехал на поезде из Лиона в Париж. Когда поезд остановился на незнакомой станции, он вышел из вагона и направился в буфет закусить. Перед тем как уйти, он посмотрел на номер своего вагона, чтобы потом быстро его найти.
— 1492. Отлично, — подумал он, — этот номер невозможно забыть! Это год открытия Америки.
Через 15 минут он возвращается из буфета и вежливо спрашивает у железнодорожного служащего:
— Простите, не знаете ли вы, когда была открыта Америка?

станция	вежливо	служащий
закусывать / закусить		
открытие		

В музее

Один человек долго ходил по музею, устал и сел в первое же кресло, которое увидел.

К нему подошёл служитель музея и вежливо сказал:
— Встаньте, пожалуйста, Вы сели в кресло Людовика XIV.
— Ну, так что же? — ответил посетитель. — Когда он придёт, я встану.

кресло	служитель музея

Гроза

Один профессор долго сидел в гостях. Началась гроза, и ему предложили остаться ночевать.

Через некоторое время хозяин зашёл к гостю в комнату, но его там не было. Через час раздался звонок. Вошёл профессор в совершенно мокрой одежде.

— Где вы были? — испуганно спросил хозяин.

— Ходил домой за своей пижамой, не могу без неё заснуть.

> ночевать НСВ (*где?*)
> гроза   мокрый
> одежда   пижама
> гость (*м.р.*)

В операционной

Хирург в маске подходит к операционному столу, на котором лежит больной.

— Вы можете снять свою маску, доктор, — говорит больной, — я вас сразу узнал!

> маска
> узнавать / узнать *кого? что?*

На приёме

На приёме жена замечает, что её муж всё время подходит к столу со спиртными напитками.

— Послушай, — говорит она, — ты уже девятый раз подходишь к столу. Что о тебе подумают?

О, не беспокойся, дорогая, — успокаивает её муж. — Я каждый раз говорю, что беру бокал для тебя.

> приём   успокаивать / успокоить *кого?*
> спиртные напитки
> бокал

Верная собака

Один покупатель пришёл на выставку собак. Он увидел красивую собаку и подошёл к ней поближе. Собака понравилась ему, и он решил её купить.

— Сколько стоит эта собака? — спросил он у продавца.

— 500 долларов, — ответил тот.

— Хорошо, я беру её.

Но прежде чем уйти с собакой, покупатель ещё раз подошёл к продавцу и спросил его:

— Скажите, она верная?

— Да! — уверенно воскликнул продавец. — Я продаю её уже в третий раз.

| верный | собака |
| выставка | |

Итальянский юмор

— Приехали, — говорит шофёр такси своему пассажиру. — С вас 460 лир.

— Мне очень жаль, но придётся вам отвезти меня на 60 лир назад. У меня с собой только 400.

| — С вас *(сколько?)...* | пассажир |

Внимательный полицейский

Судья спрашивает полицейского, которого пригласили как свидетеля:

— Как вы узнали преступника?

— Я шёл следом за женщиной. Когда она прошла мимо трёх магазинов женской одежды и не посмотрела на витрины, мне стало ясно: это мужчина!

| свидетель | преступник |

Однажды…

Не повезло

Как-то ночью в квартиру к французскому писателю Бальзаку залез вор. Увидев, что хозяин спит, вор подошёл к столу и начал открывать ящики.

Неожиданно раздался громкий смех. Вор обернулся и в лунном свете увидел писателя. Вор испугался и хотел убежать, а потом спросил:

— Почему вы смеётесь?

— Я смеюсь потому, что ты в темноте ищешь то, что я не могу найти даже днём.

везти НСВ, (не) везёт *кому?*	
смех	раздаваться / раздаться
ящик	вор

Рассеянность Марка Твена

Марк Твен был известен своей рассеянностью. Однажды, когда он ехал в поезде, в купе вошёл контролёр. Твен стал искать билет во всех карманах, но безуспешно. Наконец, контролёр, который знал писателя, сказал:

— Ладно, не беспокойтесь. Покажите свой билет, когда я буду идти обратно. А если вы его не найдёте, тоже не страшно. Это мелочь.

— Нет уж, какая там мелочь, — сказал Твен. — Я обязательно должен найти этот билет, иначе как я узнаю, куда я еду.

контролёр	обратно	мелочь (*ж.р.*)
успешно, безуспешно		

Бальзак и его издатель

Когда Бальзак был ещё начинающим литератором, у него часто не было денег. Почти каждую неделю он приходил к своему скупому издателю и просил денег в счёт будущего гонорара.

Как-то раз, когда Бальзак хотел в очередной раз войти в кабинет издателя, секретарь остановил его у двери и решительно сказал:

— Извините, господин Бальзак, но издатель сегодня не принимает.

— Это ничего, — весело ответил писатель, — главное, чтобы давал.

скупой	издатель
гонорар	принимать / принять *кого?*

Марк Твен во Франции

Марк Твен, путешествуя по Франции, однажды ехал в поезде в город Дижон.

После обеда он очень захотел спать и попросил проводника разбудить его, когда поезд будет подходить к Дижону. При этом Марк Твен сказал проводнику:

— Я сплю обычно очень крепко. Когда вы будете меня будить, возможно, я начну громко кричать и не захочу выходить. Вы не обращайте на это внимания и постарайтесь обязательно высадить меня в Дижоне.

После этого Марк Твен пошёл спать.

Когда он проснулся, было уже утро, и поезд подходил к Парижу. Марк Твен понял, что проехал Дижон и очень рассердился. Он побежал к проводнику и стал ругать его:

— Я никогда не был так сердит, как сейчас! — кричал он.

Проводник посмотрел на писателя с удивлением.

— Но всё-таки вы не так сильно сердитесь, как тот американец, которого я высадил из поезда в Дижоне! — сказал он.

будить / разбудить *кого?*
обращать / обратить внимание *на что? на кого?*
спать крепко   высаживать / высадить *кого?*

ПРИЧАСТИЕ И ДЕЕПРИЧАСТИЕ

Пропавшая собака

У американца, приехавшего в маленький шотландский городок, пропала собака. Американец дал объявление в местную газету, в котором пообещал сто долларов тому, кто найдёт собаку.

На следующий день газета не вышла. Подождав некоторое время, американец пошёл в редакцию, но увидел там только ночного сторожа.

— Что, газета сегодня не выйдет? — спросил он у сторожа.

— Ничего не могу сказать! — ответил старик. — Вся редакция ушла искать какую-то собаку.

пропадать / пропасть объявление	ночной сторож местная газета

В чём смысл жизни?

— В чём смысл жизни?

—Сейчас не могу сказать. Интернет отключен.

смысл жизни

Однажды...

О. Генри — начинающему автору

Один начинающий автор послал свой рассказ О. Генри. В письме он написал: «Я думаю, что когда я написал этот рассказ, я родился как писатель».

О. Генри ответил автору: «Мне кажется, что когда я прочитал ваш рассказ, я умер как читатель».

К чему приводят опоздания

Как-то раз французский химик Пьер Бертло, всегда отличавшийся исключительной аккуратностью и пунктуальностью, взял к себе на работу одного очень рассеянного молодого человека, который постоянно опаздывал и каждый раз объяснял это тем, что его часы плохо идут. В конце концов Бертло решительно заявил неаккуратному помощнику:

— Вот что, сударь! Решайте — или вы смените свои часы, или я сменю вас.

объяснять / объяснить *что? кому? (чем?)*
аккуратность   аккуратный
решительно   помощник
пунктуальность
химик

Бальзак и парижский ремесленник

К Бальзаку пришёл однажды парижский ремесленник и потребовал деньги за выполненную в его доме работу. У Бальзака не было в кармане ни гроша и он попросил ремесленника прийти к нему ещё раз.

Ремесленник рассердился и начал кричать:

— Каждый раз, когда прихожу к вам за деньгами, то вас никогда нет дома, а когда вы, наконец, оказались дома, то у вас нет денег.

— Это понятно, — сказал Бальзак. — Если бы у меня были деньги, то, наверное, меня бы теперь не было дома.

(парижский) ремесленник
требовать / потребовать *что? (чего?) (у кого? от кого?)*
оказаться СВ *где? (кем?)*
грош, нет ни гроша

Лекция по астрономии

Отец и сын смотрят телевизор. По одной из телепрограмм идёт лекция по астрономии. Рассказывая о звёздах, лектор назвал несколько крупных звёзд.

— А откуда он здесь, на Земле, знает, как называются звёзды там, на небе? — спросил мальчик отца.

лекция	лектор
Земля	небо
крупный	звезда

В трамвае

Двое мужчин едут в переполненном трамвае. Заметив, что его спутник сидит с закрытыми глазами, первый спросил, почему он так сидит.

Второй ответил:

— Понимаешь, не могу видеть, когда женщинам приходится стоять.

полный, переполненный
кому? приходится *что делать?*
спутник
стоять НСВ

В бутике

В бутике, перемерив более двух десятков кофточек, покупательница, наконец, говорит:

— Я беру вот эту. Сколько я вам должна?

— Нисколько, вы в ней пришли.

бутик
мерить, перемерить *что?*
кофта, кофточка

82

Перехитрил

Однажды к знаменитому венскому врачу на приём пришёл один скупой человек. Он знал, что врач берёт за первый визит 25 крон, а за следующие визиты — по 10 крон.

Человек решил перехитрить врача.

— А, мой дорогой доктор! — воскликнул он. — Вот я и опять у вас.

Но у доктора была хорошая память, и он сразу понял, в чём дело. Быстро осмотрев пациента, врач сказал:

— Изменений нет. Продолжайте принимать то, что я вам прописал в прошлый раз.

> перехитрить СВ *кого?*
> осматривать / осмотреть *кого? что?*
> скупой
> принимать / принять *что?* (лекарство)
> визит (к врачу)

Короткая рецензия

Одного писателя попросили дать отзыв о произведении молодого автора.

Писатель написал рецензию, состоящую из нескольких строк: «Я почувствовал огромную радость, закрыв книгу. Такого удовольствия во время чтения я не испытывал».

> рецензия = отзыв
> состоять НСВ *из чего? (из кого?)*
> радость   испытывать / испытать *что?*
> строка

Однажды...

Что нам осталось сделать?

Как-то, беседуя о достижениях современной техники, Бернард Шоу сказал:

— Теперь, когда мы научились летать, как птицы, плавать, как рыбы, нам нужно только одно — научиться жить на земле, как люди.

достижение

Неблагодарный

Гуляя по берегу реки, шотландский поэт Роберт Бёрнс стал свидетелем того, как был спасён один попавший в беду местный богач. Рискуя своей жизнью, проходивший мимо крестьянин с соседней фермы, не раздумывая, бросился в воду и вытащил утопающего. Почувствовав себя в безопасности, тот решил отблагодарить своего спасителя и небрежно протянул ему медный грош.

Собравшиеся вокруг люди возмутились неблагодарностью богача и решили бросить его обратно в воду. Однако подошедший Бёрнс вмешался.

— Прошу вас — оставьте его в покое, — сказал Бёрнс. — Он ведь лучше знает себе цену!

утопающий	бросаться / броситься *куда?*
свидетель *(чего?)*	неблагодарный
спасать / спасти *кого? что? (от чего?)*	
попадать / попасть *куда?* (в беду)	
рисковать НСВ *чем?*	
протягивать / протянуть *что? кому?*	
возмущаться / возмутиться *чем? (кем?)*	
не раздумывая	
ферма	
безопасность	
небрежно	

Выше или длиннее?

Стараясь однажды достать какую-то книгу, стоявшую на верхней полке его библиотеки, Наполеон приказал подать себе стул.

— Разрешите, Ваше Величество, — сказал один из его приближенных, — я достану эту книгу. Я выше вас.

— Вы, вероятно, хотели сказать — длиннее, — заметил Наполеон.

> стараться / постараться *что (с)делать?*
> доставать / достать *что?*
> приказывать / приказать *кому? что (с)делать?*

Тонкий вкус

Иоганнес Брамс был приглашён на обед к одному аристократу. Композитор принял приглашение и, приехав в замок аристократа, увидел там много гостей.

Когда все сели за стол, хозяин, желая сказать что-нибудь приятное композитору, произнёс:

— Господа, по случаю приезда нашего прославленного Иоганнеса Брамса я приказал принести из моих винных подвалов лучшее вино — это, так сказать, Брамс среди моих вин!

Через некоторое время хозяин спросил у композитора, как ему понравилось вино.

— Неплохо, — ответил Брамс, — но нет ли в ваших подвалах ещё и Бетховена?

> вкус   аристократ
> приглашение   по случаю...
> замок   (винный) подвал
> прославленный

СОЮЗЫ И СОЮЗНЫЕ СЛОВА

Детская логика

Маленькая дочь говорит отцу:

— Папа, ты возьми меня на руки, а я возьму твою сумку, и тебе не будет тяжело.

брать / взять *кого?* на руки (*что?* в руки)	сумка

У меня сломался компьютер

Раньше я вёл очень активную жизнь: играл в теннис, футбол, бильярд, шахматы, участвовал в автогонках. Но всё закончилось, когда у меня сломался компьютер.

активный	шахматы
теннис	автогонки
бильярд	ломаться / сломаться

Покупатель в зоомагазине

В магазин вбегает взволнованный покупатель и кричит:

— Посмотрите только, что вы мне продали? Вчера я купил у вас эту певчую птичку, а она, оказывается, хромая!

— Ну и что? — удивляется продавец. — Вы же покупали у нас певицу, а не балерину.

волноваться / разволноваться, взволноваться	
певица	певчая птица
балерина	
хромой	

Каким будет лето?

— Лето в этом году будет жаркое?
— Жаркое, но короткое. И главное —
не пропустить этот день.

лето

Пока не поздно

— К сожалению, я должен сказать, что ваше состояние очень тяжёлое, и я боюсь, что не смогу помочь вам, — говорит врач своему пациенту. — Нет ли кого-нибудь, кого вы хотели бы повидать, пока не поздно?
— Есть, — ответил с трудом больной.
— Кого же?
— Другого врача, — был ответ.

состояние (плохое, тяжёлое)

Однажды...

Гёте и его «критик»

Как-то Гёте гулял в парке. На дорожке, где мог пройти только один человек, он встретил литератора, который всегда критиковал его произведения.

Когда они сблизились, «критик» важно сказал:
— Я никогда не уступаю дорогу дуракам!
— А я — наоборот, — ответил Гёте и, улыбаясь, сделал шаг в сторону.

критик   критиковать НСВ *кого? что? (за что?)*
наоборот

Встреча на улице

У поэта А.Н. Апухтина было плохое зрение. Однажды он нечаянно толкнул на улице какого-то молодого человека. Тот сквозь зубы сердито сказал:
— Дурак!

Апухтин приподнял шляпу, вежливо поклонился и сказал:

— А я Апухтин!

плохое зрение	
толкать / толкнуть *кого?*	приподнимать / приподнять *что?*
сказать сквозь зубы	

Семейное чтение

Однажды Л.Н. Толстой вернулся домой и увидел, что его семья и знакомые что-то читают вслух. Лев Николаевич сел в углу и тоже начал слушать. Когда кончили читать, великий писатель сказал, что ему очень нравится этот роман и что писатель — очень талантливый человек. Как же он удивился, когда ему сказали, что читали его роман «Война и мир».

вслух	роман «Война и мир»

Почему я живой?

Когда Марк Твен работал в газете, он получил по почте пачку очень плохих стихов, которые назывались «Почему я живой?».

Марк Твен отправил рукопись начинающему поэту и написал: «Вы живой потому, что послали стихи по почте, а не пришли в редакцию лично».

пачка	лично

Искусство дипломатии

Домашний врач Бисмарка нередко упрекал его в том, что он почти никогда не выпускает изо рта сигареты, несмотря на то что курение очень вредно для него.

— Неужели вы не знаете, доктор, что всё мое искусство дипломатии заключается в умении пускать дым в глаза людям?

упрекать / упрекнуть *кого? в чём?*	искусство дипломатии
не выпускать изо рта сигареты	пускать дым в глаза